山海经

绝美水墨画卷
②

沈鑫 —— 著绘

山精 海怪 篇

豪鱼

鸧鹝

山海经

绝美水墨

画卷

②

绝美水墨 画卷

②

山海经

沈鑫

著绘

北京联合出版公司
Beijing United Publishing Co.,Ltd.

鱐鱐

金水出焉而東北流注于海其中多鱐鱐之魚其狀如鯉年其音如豕鳴

作者序

让《山海经》活起来

2020 年真的是值得纪念的一个年份，这一年发生了太多事情，也充满了惊喜和挑战。其实在这一年年中，关于这本书的内容就已经完成大半，但我总感觉与第一本相比变化不大，我想要表达的东西也没有完全呈现出来，这让我不能释怀。于是，我筛选出了一些重新着笔。迟了，还请大家见谅。

《山海经：绝美水墨画卷 2》是系列画集中的第二册，出现了更多耳熟能详的异兽，《山海经》原著中更多的神灵怪兽，将陆续出现在未来的作品中。

当然，家人和朋友的支持与关心，永远都是最有效的良药。疲劳期和朋友的长谈，让我迫切地想要尝试把注意力从《山海经》的书面内容和自己有限的想象力中抽离出一部分，作为寻找一种隐约的久违"感受"的动力。这种力量，一部分来自我还未接受所谓"正统美术教育"之前，对眼中世界的认知；另一部分则来自更早以前，由于对工具与介质的陌生，而产生的探索欲和好奇感。当然，这并不代表我对目前的创作感到乏味，恰恰相反，通过这轮思考，我感受到一些前所未有的热情与冲动。我不想拘泥于某种风格，或是遵循一些惯性思维，我希望自己可以在有生之年不断地尝试和探索全新领域，享受自由。

与之前的创作稍有不同，在第二册的创作过程中，我的脑袋里总是浮现"如果我有两个脑袋，它们是如何相处的""如果我是在山间吃草的异兽，遇到天敌时我该怎么办"之类的奇怪问题。不知不觉中，创作出的一些画面就被晕染出了几分故事性。我还尝试让这些异兽之间互动起来，让它们在长页中，或是追逐奔跑，或是群居嬉戏。在这个过程中我开始尝试打造一个真正的"山海经的世界"。

　　《山海经：绝美水墨画卷》系列的内容，仍在创作中，我希望可以陆续开展一些跨界合作，其中包括一些多元的实体化尝试，希望你能喜欢这些改变，喜欢这本画集。

2021 年 1 月于北京

推荐序

以水墨美展现奇幻世界

　　沈鑫老师的《山海经：绝美水墨画卷》系列独辟蹊径，以独特的水墨美感展现奇幻的《山海经》世界，为中国传统艺术和文化的阐释寻找到一个特别的角度。这些作品结合了水墨的沉静、历史积淀的厚重以及传统文化的张力，不仅给人视觉的享受，也给人带来更多的思考。

　　《山海经》在最简洁质朴的语言中蕴藏着极具爆发力的浪漫幻想，看似简单，内蕴丰富。如果要给它寻找一种表现方式，仔细想来水墨还真是最符合它气质的，古拙、沉静、神秘。水墨有其本身独特的美感，它的皴擦营造出一种厚重感，不仅在造型上增强了生物的体量感和力量感，而且十分符合《山海经》的厚重文化和历史感。而水墨的晕染方式则突出了生物的飘逸、神秘，给人非现实感。在众多插画式的《山海经》题材创作中，沈鑫老师的水墨风格就显得独树一帜了。

　　尽管使用了水墨的创作方式，这本书中的生物造型方式都是非常写实的，从整体的身体构造，到细节的翅、爪、鳞的纹理，都可以看到十分细致的打磨。准确而写实的造型风格加上神异的动物特征，令人惊叹的同时又十分具有可信性。《山海经》内容十分庞杂，这本画册中选取的内容并不是按照《山海经》的体例，而是按照生物的种类进行了重新编排，主要分山精和海怪两类，按照这个脉络对《山海经》进行解读。这种新的解读方式相信一定能给大家带来新的阅读体验。

《山海经》是一个丰富的文化艺术素材宝库，以它为基础的创作可以有无限可能。它传承了上古神话传说、历史、地理、民俗等非常多的内容，不仅是一部志怪奇书，更是中国上古历史的折射。我们在这本水墨《山海经》中可以看到长相奇特的异兽，有些与传说中的历史人物相关，有些代表人们对自然的理解，比如象征丰收的当康，象征洪水的合窳，象征旱灾的鸣蛇等。这些脱胎于文字的创作，使人们着眼于这些异兽背后所承载的自然科学和文化的意义。

不论传统文化还是传统的水墨表现形式，在艺术创作中不断被证明具有它不可替代的意义。所谓墨分五色，事实上水墨并不单调，它多样的表现技法能在看似单调的色彩中表现出丰富的层次，给人更多想象的空间。看似无色，反而能激发人的想象力，让观者在想象中构建出属于自己的华彩世界。这是属于中国传统文化的含蓄表达方式，沈鑫老师的《山海经：绝美水墨画卷》是一扇小窗，通过它我们可以窥见《山海经》整个神秘诡奇的世界。

乐艺 ArtPage 联合创始人　袁征

2021 年 3 月于北京

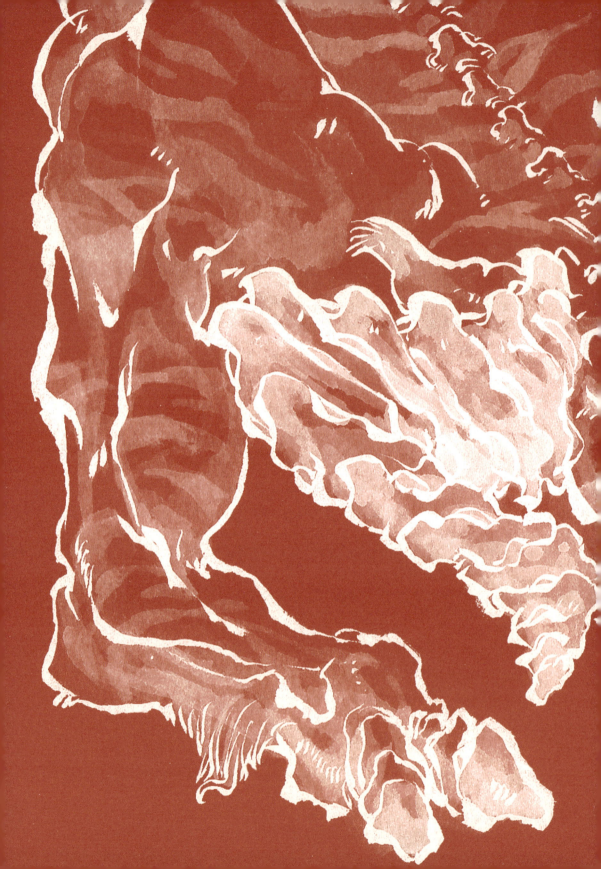

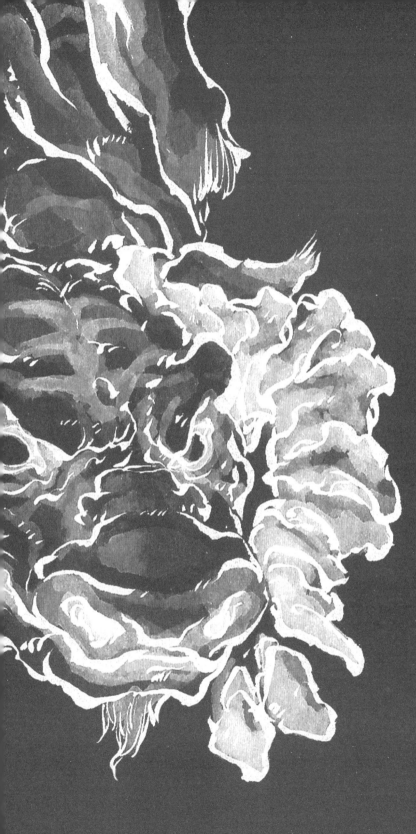

目录

The Classic of Mountains and Seas

山经海

第一卷

山精

海怪

第二卷

海怪

山精

从从 [cóng cóng]

六足犬怪

【外貌】 长相似狗,有六只脚。

【异兆】 遇到明君,才会出现。

枸状山上有丰富的金属矿物和各色美玉,山下盛产青碧。山中生长着一种名为"从从"的野兽,这种野兽长得像普通的狗,但却长着六只脚,发出的叫声就像在呼唤自己的名字。

从从

有兽焉，其状如犬六足，其名曰从从，其鸣自詨

蚩鼠 [zī shǔ]

鸡身鼠尾的鸟

【外貌】 形状像鸡，却长着像老鼠一样的尾巴。

【异兆】 蚩鼠出现预示着将会发生旱灾。

　　枸状山中有一种禽鸟，其形状像鸡，却长着像老鼠一样的尾巴，叫作蚩鼠。传说，它在哪里出现，哪里就会有大旱灾。

　　传说，光绪三年（1877），陕西有个道士抓到了一只奇怪的动物，长得像鼠，也像鸡。道士把它的皮扒了，发现是一只蚩鼠。随后，又有一些人抓到蚩鼠，市集上甚至开始有人买卖蚩鼠。那里很快就发生了旱情，并且迅速蔓延到周边地区。

雊鼠

西鼠尾其名曰雊鼠見則其邑大旱

有鳥焉其狀如雞

有兽焉
其状如夸父而彘毛
其音如呼
——见则天下大水

无名兽 [wú míng shòu]

发出人声的野兽

【外貌】 像猿猴，却长着一身猪毛。

【异兆】 这种兽出现预示着天下会发生大水。

　　《山海经》中没有明确记载这种怪兽的名字，我们暂且叫它无名兽。犲山上没有花草树木，山下水流很多。山中栖息着这种野兽，其形状像夸父，这里所说的夸父是指一种传说中的野兽，属于猿猴类。无名兽长着一身猪毛，发出的声音如同人在呼叫，一旦现身，天下就会发洪水。

元名兽

見則天下大水

有兽焉其状如奈火而厳毛其声如婴

狪 狪 [tóng tóng]

孕育珍珠的神兽

【外貌】 长得像猪。

【技能】 体内可以孕育珍珠。

　　泰山上遍布各色美玉，山下盛产金属矿物。山中有种奇兽，形状与猪相似，体内孕育珍珠，叫作狪狪，叫声如同在呼喊自己的名字。

　　珍珠一般只是蚌类生产，在传说中也只是龙、蛇等灵异动物会吐出一些，而狪狪作为兽类也能孕育珍珠，因此古人认为它很奇特，又因为它体形像猪，所以也把它叫作珠豚。

狪狪

有獸焉其狀如
豚而有珠
名曰狪狪其鳴自訓

有兽焉
其状如牛而虎文
其音如钦
其名曰轮轮
其鸣自叫
见则天下大水

轮轮 [líng líng]

虎纹牛身的怪兽

【外貌】　外形像普通的牛，毛皮上有老虎斑纹。

【异兆】　轮轮出现预示着天下会发生大洪水。

　　空桑山中栖息着一种野兽，名称是轮轮，其外形像普通的牛，而毛皮上却有老虎一样的斑纹。它叫起来的声音如同人在呻吟，又像是在呼唤自己的名字。轮轮是一种灾兽，只要一出现，天下必定出现严重的水灾，所以很少有人看见过轮轮。

羚羚

而虎文其書如錄其名曰羚羚其鳴自訆見則天下大水

有獸焉其狀如牛

● 原文

有兽焉
其状如菟而鸟喙
鸱目蛇尾
见人则眠
名曰犰狳
其鸣自訆
见则蠡蝗为败

犰狳 [jī yú]

见人就装死

【外貌】 长得像兔子，但是长着鸟的喙、鸱鹰的眼睛和蛇的尾巴。

【异兆】 犰狳是虫灾的象征。

　　余峨山中栖息着一种野兽，名叫犰狳，其形状像一般的兔子，却长着鸟的喙、鸱鹰的眼睛和蛇的尾巴。它十分狡猾，一看见人就躺下装死，发出的叫声就像在呼唤自己的名字。它是虫灾的征兆，一旦出现就会虫蝗遍野、田园荒芜。

犰狳

有獸焉其狀如菟而鳥喙

鴟目蛇尾見人則眠名曰犰狳
其鳴自訆見則螽蝗為敗

· 原文

有兽焉
其状如狐而鱼翼
其名曰朱獳
其鸣自叫
见则其国有恐

朱獳 [zhū rú]

长着鱼鳍的狐狸

【外貌】 外貌似狐狸，长着鱼鳍。

【异兆】 朱獳出现预示着这个国家将要发生大恐慌。

　　耿山荒凉，没有花草树木，但到处是水晶石。山中有一种野兽，形状似狐狸，但长着鱼鳍，叫作朱獳。朱獳发出的叫声就如同在呼唤自己的名字。朱獳是一种凶兽，它在哪个国家出现，哪个国家就会发生大恐慌。

　　晋代郭璞在《山海经图赞·朱獳》中说："朱獳无奇，见则邑骇。"

朱獳

是則其國有恐

有獸焉其狀如狐而魚翼其名曰朱獳其鳴自叫

● 原文

沙水出焉
南流注于涔水
其中多鵹鹕
其状如鸳鸯而人足
其鸣自讻
见则其国多土功

鵹鹕 [lí hú]

人足怪鸟

【外貌】 体形像鸳鸯，但却长着人脚。

【技能】 鵹鹕出现的国家，会有很多水土工程的劳役。

卢其山荒芜苍凉，没有生长花草树木，沙石遍布。沙水从这座山发源，奔出山涧后，向南流入涔水，水边栖息着很多鵹鹕，其体形像鸳鸯，但却长着人脚，发出的鸣叫声有如呼唤自己的名字。有一种说法，鵹鹕就是鹈鹕，喜欢住在水边。

它在哪个国家出现，哪个国家就会有很多水土工程的劳役。郭璞为《山海经》作注的时候，曾写过这样一首诗：狸力鵹鹕，或飞或伏。是惟土祥，出兴功筑。长城之役，同集秦域。就是说秦始皇修筑万里长城的时候，鵹鹕就曾经和狸力一同在中原现身。当然，这只是郭璞的一种说法而已。

鵸鵌

其狀如烏鳶而人足

其鳴自訓是則其國多土功

沙水出焉南流注

于芩水其中多鵸鵌

· 原文

有兽焉

其状如狐而有翼

其音如鸿雁

其名曰獙獙

见则天下大旱

獙獙 [bì bì]

导致旱灾的兽

【外貌】 长得像狐狸，背上长有一对翅膀。

【异兆】 獙獙出现时天下会大旱。

　　姑逢山上没有花草树木，山中蕴藏有丰富的金属矿物和各色美玉。山中有一种叫作獙獙的野兽，其形状像狐狸，背上长着一对翅膀。獙獙虽长有翅膀，却不能飞翔。它发出的声音如同大雁啼叫，叫声悦耳。獙獙是一种凶兽，一旦出现，天下就会发生大旱灾。

　　据说，獙獙生性多疑，连窝都要在悬崖绝壁上搭建，每天都要在窝边设陷阱，防止有人或野兽袭击。但有时候它忘记了，反而伤了自己和孩子。

有獸焉其狀如狐而有翼其音如鴻雁其名曰獙獙見則天下大旱

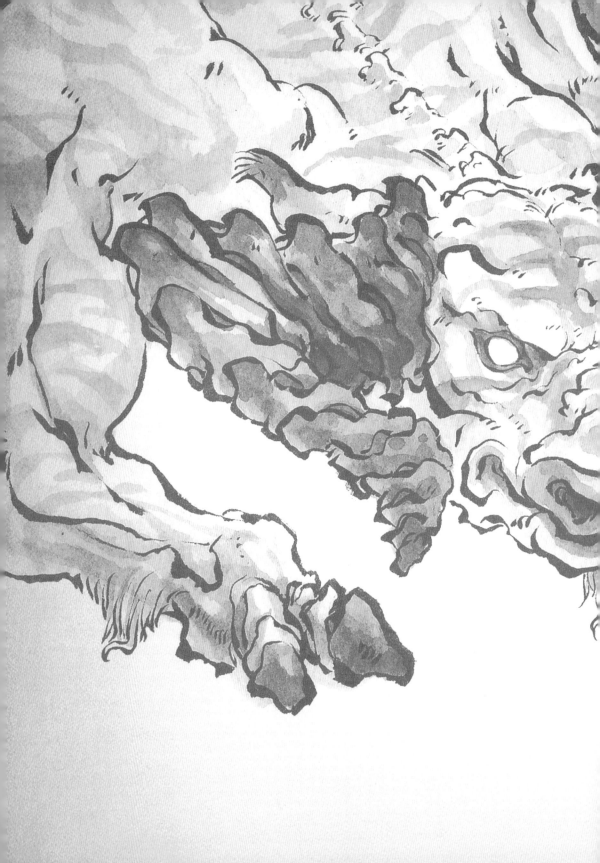

南临硜水
东望湖泽
有兽焉
其状如马
而羊目、四角、牛尾
其音如嗥狗
其名曰峳峳
见则其国多狡客

峳峳 [yōu yōu]

四角怪兽

【外貌】 其外形像马，却长着羊的眼睛、牛的尾巴，头上还顶着四个角。

【异兆】 峳峳出现的地方就会有很多奸猾的小人。

　　硜山中有一种野兽，名为峳峳。其外形像普通的马，却长着羊的眼睛、牛的尾巴，头上还顶着四个角，它发出的声音如同狗叫。它是一种不祥的凶兽，在哪个国家出现，哪个国家的朝廷里就会出现很多奸猾的小人，政治昏暗，百姓不得安宁。

　　《中国古代动物学史》认为此兽就是现代的鹅喉羚。鹅喉羚属在荒漠生存的动物，形似黄羊，雄羚在发情期喉部变得肥大，状如鹅喉，因此得名"鹅喉羚"。

山

䪊䪊

南臨碇水東望潮澤

四蘭牛尾其音如嗥狗

其名曰䪊䪊見則其國多放者

有獸焉其狀如馬而羊目

• 原文

有鸟焉
其状如凫而鼠尾
善登木
其名曰絜钩
见则其国多疫

絜 钩 [jié gōu]

带来瘟疫的鸟

【外貌】 形状像野鸭子，却长着老鼠一样的尾巴。

【异兆】 絜钩出现的国家会瘟疫横行。

　　凫丽山南五百里的硍山中生活着一种鸟，名为絜钩。它的外形像野鸭，但身后却长着老鼠的尾巴，擅长攀登树木。絜钩是一种凶鸟，它在哪个国家出现，哪个国家就会瘟疫横行，万民悲戚。

　　有人认为，古人对瘟疫产生、传播与动物之间的关系已有一定的认知。絜钩是野鸭与老鼠的组合，这种鸟被想象成散播瘟疫的精怪并非偶然。可能先民在长期的捕猎过程中发现，这些野生动物与瘟疫的传播之间有着比较直接的关系，因此创造出精怪传播疫病的神话提醒后人，在接触这些野生动物时应该小心谨慎。

絜鉤

有鳥焉其狀如鳧而鼠尾善登木其名曰絜鉤見則其國多疫

媛胡 [yuàn hú]

鹿身鱼眼的怪兽

【外貌】 长相似麋鹿，长着一对鱼眼。

　　尸胡山山势高峻，山上蕴藏着丰富的金属矿物和各色美玉，山下则生长着茂盛的酸枣树。媛胡就栖息在这尸胡山中，其样子像麋鹿，却长着一对鱼眼，名称是媛胡，它发出的叫声就像是在呼唤自己的名字。

　　传说清朝人郝懿行就曾经见过媛胡，据他记述，他在嘉庆五年（1800）奉朝廷之命册封琉球回国，途中在马齿山停留。当地人向他进献了两头鹿。这两头鹿毛色浅，而且眼睛很小，像鱼眼，当地人说是海鱼所化，但郝懿行认为它就是媛胡。

　　《中国古代动物学史》认为媛胡就是今天的白唇鹿。白唇鹿是中国的珍贵特产动物，在产地被视为"神鹿"，也是一种古老的物种。

精精 [jīng jīng]

牛身马尾的野兽

【外貌】 外形像牛，却长着一条马尾巴。

　　螐隅山上生机勃勃，覆盖着茂密的花草树木，蕴藏着丰富的金属矿物和各色美玉，还有许多赭石。山中栖息着一种野兽，其外形像普通的牛，却长着马尾巴，名字叫精精，它吼叫起来的声音就像是在呼唤自己的名字。

　　传说这种精精兽能够辟邪。明万历二十五年（1597），括苍得到一种辟邪异兽，其头上长着坚硬的双角，毛皮上布满鹿纹，还长有马尾牛蹄；当时人们怀疑此兽就是精精。

　　就外形来看，今天的角马与精精十分相似。角马，也叫牛羚，是一种生活在非洲草原上的大型羚牛。它长着牛头、马面、羊须，个头硕大，全身有长长的毛，光滑并有短的斑纹。

精精

有獸焉其狀如牛而馬尾名曰精精

其鳴自叫

· 原文

有兽焉
其状如狼
赤首鼠目
其音如豚
名曰猲狙
是食人

猲狙 [gé dàn]

能吃人的鼠眼怪兽

【外貌】 长得像狼，长着老鼠眼睛，脑袋是红色的。

　　北号山巍峨地屹立于北海之滨。猲狙这种怪兽就栖息在北号山，其体形像狼，但长着红色的脑袋，脑袋上长着一双老鼠眼睛，发出的声音就如同猪叫声。

　　猲狙生性凶猛，能吃人，并经常侵扰周边居民和过往路人。

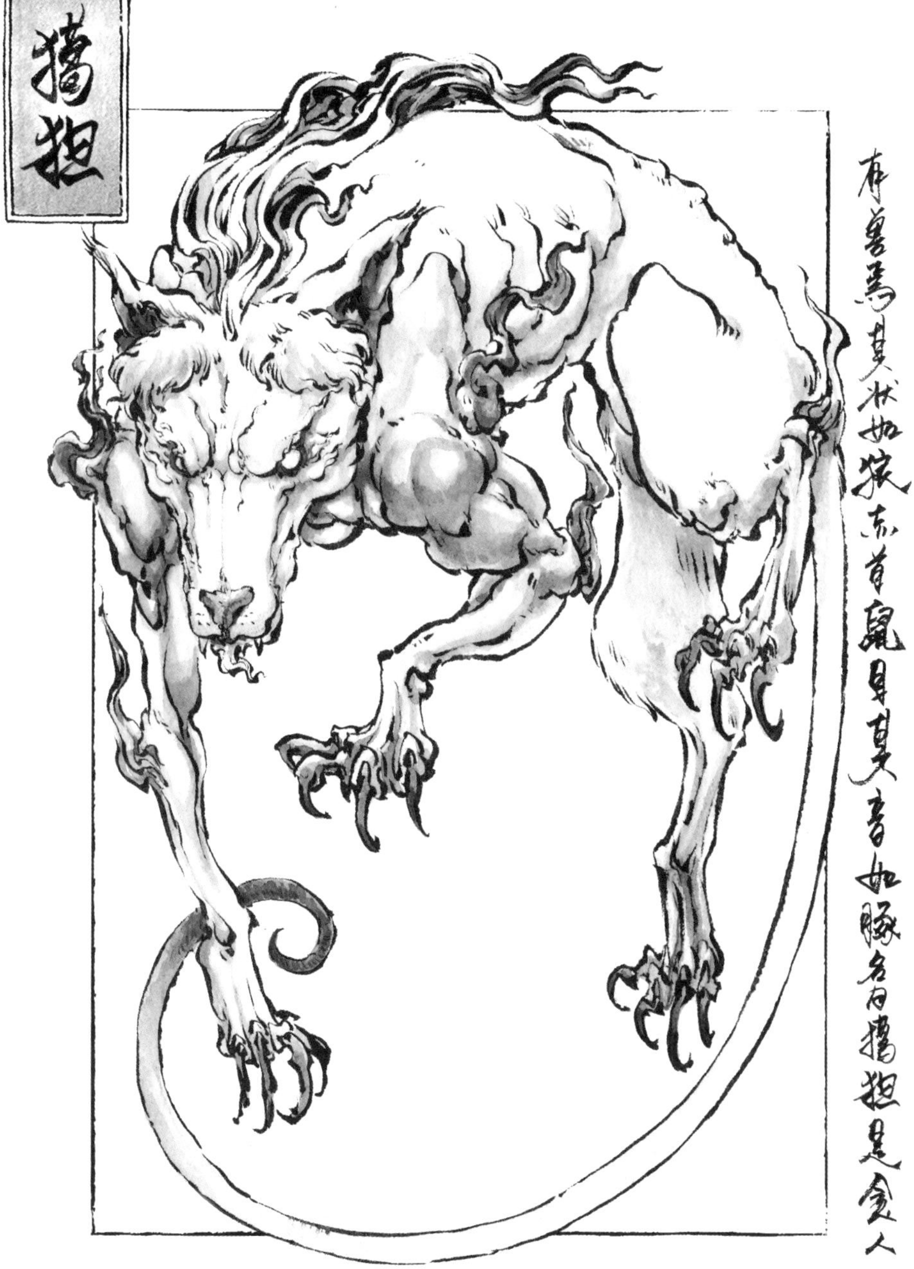
獦狚
有兽焉其状如狼赤首鼠目其音如豚名曰獦狚是食人

· 原文

有鸟焉
其状如鸡而白首
鼠足而虎爪
其名曰虒雀
亦食人

虒雀 [qí què]

吃人的恶鸟

【外貌】 像鸡，有着白色的脑袋，老鼠一样的脚和老虎一样的爪子。

　　北号山中生长着一种禽鸟，其外形像普通的鸡，脑袋却是白色的，身子下面还长着老鼠一样的脚和老虎一样的爪子，名称是虒雀，也是能吃人的。

　　传说明朝崇祯年间，凤阳地方出现很多恶鸟，兔头、鸡身、鼠足，大概就是虒雀。当时人们说它肉味鲜美，但骨头有剧毒，人吃了能被毒死。它同猲狙一样，也经常祸害人类。

魃虐

鼠足而虎爪

有鳥焉其狀如雞而白首

其名曰魃虐亦食人

● 原文

有兽焉

其状如豚而有牙

其名曰当康

其鸣自叫

见则天下大穰

当康 [dāng kāng]

带来丰收的猪形怪兽

【外貌】 外形像猪，长着大獠牙。

【异兆】 当康出现预示着天下要大丰收。

　　钦山只有遍地的黄金美玉而没有普通的石头。山中栖息着一种野兽，其外形像猪，却长着大獠牙，名字叫当康，它发出的叫声就像在呼唤自己的名字。

　　传说当天下要获得丰收的时候，当康就会从山中出来啼叫，告诉人们丰收将至。所以它虽样子不太好看，却是一种瑞兽。据《神异经》中记载，南方有种奇兽，样子像鹿，却长着猪头和长长的獠牙，能够满足人们祈求五谷丰登的愿望，可能就是这种当康兽。

当康

其名曰当康其鸣自叫见则天下大穰

有兽焉其状如豚而有牙

• 原文

有兽焉
其状如彘而人面
黄身而赤尾
其名曰合㻁
其音如婴儿
是兽也
食人
亦食虫蛇
见则天下大水

合㻁 [hé yǔ]

人面猪身的黄色怪物

【外貌】 外形像猪，却长着一副人的面孔，黄色的身子后面长着
红色尾巴。

【异兆】 合㻁出现预示着天下会发生大洪水。

　　㓦山上蕴藏有丰富的金属矿物和各色美玉，山上还栖息着
一种野兽，其外形像猪，却长着一副人的面孔，黄色的身子后
面长着红色尾巴，名字叫合㻁，它发出的吼叫声就如同婴儿啼
哭。合㻁生性凶残，能吃人，也以虫、蛇之类的动物为食。它
一旦出现，天下就会洪水泛滥。

　　《山海经》中记载的许多怪兽，都会发出婴儿的啼哭声，
而且这类野兽大多是吃人的凶兽。大概是因为婴儿的啼哭声更
容易吸引人类前往察看，而且会降低人的警惕性。

令嬴

有兽焉其状如彘而人面黄身而赤尾其名曰令嬴其音如婴儿是兽也食人亦食虫蛇见则天下大水

· 原文

有兽焉

其状如鼩鼠而文题

其名曰㺅

食之已瘿

㺅 [nuó]

治病的小兽

【外貌】　外形像鼩鼠，但额头上有花纹。

【功效】　吃了㺅的肉就能治好人脖子上的赘瘤。

　　甘枣山上有茂密的杻树林，山中栖息着一种野兽，其外形像鼩鼠，但额头上有花纹，名字叫㺅。吃了它的肉能治好人脖子上的赘瘤。还有人认为㺅的肉可以治好眼病。

難

有獸焉　其狀如歟鼠而文題其名曰難食之已癭

胐 胐 [fěi fěi]

解忧的宠物猫

【外貌】 像普通的野猫，却长着一条长长的白色尾巴，身上长有
鬣毛。

【功效】 人饲养胐胐，就可以消除忧愁。

　　霍山上林木蓊郁，生长着茂密的构树林。山中栖息着一种
野兽，其形状像普通的野猫，但后面却长着一条长长的白色尾
巴，身上长有鬣毛，名称是胐胐。人饲养它就可以消除忧愁，
胐胐是一种很好的宠物。

朎朎

有獸焉其狀如狸而白尾有鬣名曰朎朎養之可以已憂

• 原文

有兽焉

其状如彘而有角

其音如号

名曰蠪蛭

食之不眯

蠪蛭 [lóng zhì]

【外貌】 长得像猪，头上却长着角。

【功效】 吃了蠪蛭的肉，人就不会做噩梦。

　　昆吾山上盛产赤铜。山中有种野兽，其样子和一般的猪相似，但头上却长着角，它吼叫起来就如同人在号啕大哭，名字叫蠪蛭，吃了它的肉，人就不会做噩梦。

　　《禽虫典》中也描绘了这种怪兽，一头健壮的大猪，头上长着两只犄角。

有兽焉其状如彘而有角其音如号名曰龙蛭食之不眯

原文

有兽焉
其名曰马腹
其状如人面虎身
其音如婴儿
是食人

马腹 [mǎ fù]

吃人的人面虎

【外貌】 人面虎身

　　蔓渠山中栖息着一种野兽，名叫马腹，其形状奇特，有人的面孔、老虎的身子，吼叫的声音就如同婴儿啼哭。它是一种凶猛的野兽，能吃人。

　　传说马腹又叫水虎，栖息在水中，身上还有与鲤鱼类似的鳞甲。它常常将爪子浮在水面吸引人，如果有人去戏弄它的爪子，它便将人拉下水杀死。民间称马腹为马虎，因其异常凶猛的性情，古人常用其吓唬淘气的孩童说："马虎来了！"顽皮的孩子便立即不敢作声。

馬腹

有獸焉其狀如馬其名曰馬腹其音如人言
虎身其音如嬰兒是食人

夫诸 [fū zhū]

带来水灾的野兽

【外貌】 形状像白鹿，头上长着四只角。

【异兆】 夫诸出现的地方会发生水灾。

　　敖岸山山南多玉，山北多赭石、黄金。山中还栖息着一种野兽，其形状如同白鹿，头上却长着四只角，它的名字叫夫诸。夫诸是一种不祥之兽，它在哪个地方出现，哪里就会发生大水灾。

　　有学者认为夫诸可能就是水麠或四角羚。

天狗

有獸焉其狀如白鹿四角名曰天狗見則其邑大水

● 原文

畛水出焉
而北流注于河
其中有鸟焉
名曰鹨
其状如凫
青身而朱目赤尾
食之宜子

鹨 [yǎo]

使人子孙兴旺的鸟

【外貌】 外形像野鸭，身子是青色的，有着浅红色眼睛和深红色
尾巴。

【功效】 吃了鹨的肉就能使人子孙兴旺。

　　青要山的畛水水滨栖息着一种禽鸟，名称是鹨，其外形就像普通的野鸭，有着青色的身子，却长着浅红色的眼睛和深红色的尾巴，吃了它的肉就能使人子孙兴旺。

　　相传鹨的脚太靠近尾巴，以至于不能走路，所以常混在野鸭群中游泳。据说南宋时，鄱阳出现一种妖鸟，鸭身鸡尾，停在百姓的屋顶上，当地人不认识，以为是某种妖鸟，其实可能就是鹨。

鸰

盻木出焉而北流注于渭其中有鸟焉

名曰鸰其状如凫寿寿而朱目赤尾食之宜子

麐 [yín]

长着人眼的怪兽

【外貌】 外形像貙，但脸上却长着人的眼睛。

　　麐是栖息在扶猪山中的一种野兽，其外形像貙，但脸上却长着人的眼睛。

　　郭璞《山海经图赞》中将"人目"作"八目"："有兽八目，厥号曰麐。"可见神话在流传过程中，字形的变异是导致新形象产生的重要原因。所以也有一些古籍将麐画作八只眼睛的怪兽，比如《禽虫典》中的麐便为一八目貙形小兽。

有獸焉其狀如貉而人目其名曰麐

● 原文

有兽焉
其状如牛
苍身
其音如婴儿
是食人
其名曰犀渠

犀渠 [xī qú]

吃人的牛

【外貌】 形状像牛，全身青黑色。

　　釐山中也生长着一种野兽，其形状像一般的牛，全身青黑色，而发出的吼叫声却如同婴儿啼哭。它不像牛那么温驯，而是十分凶猛，甚至能吃人，名称是犀渠。

　　郝懿行云："犀渠，盖犀牛之属也。"据此推测，犀渠是一种犀牛类的食肉动物，产于山中。

犀渠

有獸焉　其狀如牛　蒼身　其音如嬰兒　是食人　其名曰犀渠

獥 [jié]

发怒的野兽

【外貌】 形状像发怒之犬，身披鳞甲，长着猪鬣一样又长又硬
的毛。

　　潇潇水从釐山发源，然后向南流去，最后也注入伊水。水
边还栖息着一种野兽，名字叫獥。这种野兽长得就好像发怒之
犬，身披鳞甲，毛从鳞甲的缝隙中间长出来，又长又硬，就好
像猪鬣一样。

· 原文

有兽焉
其状如犬
虎爪有甲
其名曰㺇
善駚牟
食者不风

㺇 [lìn]

披甲怪兽

【外貌】 形状像狗，老虎一样的爪子，身上布满鳞甲。
【异兆】 人如果吃了它的肉就能预防疯癫病。

　　依轱山中有种野兽，形状像狗，老虎一样的爪子，身上布满鳞甲，叫作㺇。它擅长跳跃腾扑，人如果吃了它的肉就能预防疯癫病。

獂

有獸焉名曰獂其狀如獂犬而有角鱗其毛如釣尾

獜

有獸焉其狀如犬虎爪有甲其名曰獜善駚軍食者不風

· 原文

其阴有谷
曰机谷
多䳂鸟
其状如枭而三目
有耳
其音如录
食之已垫

䳂鸟 [dì niǎo]

三目奇鸟

【外貌】 形状像猫头鹰，长了三只眼睛。
【功效】 人吃了䳂鸟肉就会治好湿气病。

　　首山的山谷名叫机谷，在这个峡谷里栖息着许多䳂鸟。这种奇禽长得像猫头鹰，但脸上却长了三只眼睛，还长有耳朵，发出的啼叫声就如同鹿在鸣叫。人吃了它的肉就能治愈湿气病。

駁鳥

其阳有谷曰枳谷多駁鳥

其状如枭而三目有耳 其音如录 食之已垫

• 原文

其西有谷焉
名曰藿谷
其木多柳楮
其中有鸟焉
状如山鸡而长尾
赤如丹火而青喙
名曰鸰鹞
其鸣自呼
服之不眯

鸰鹞 [líng yào]

美丽的长尾赤鸟

【外貌】 像野鸡，长着一条长长的尾巴，羽毛赤红，嘴喙为青色。

【功效】 吃了鸰鹞肉就不会做噩梦。

　　鹿山中栖息着一种鸟，其形状像野鸡，身后却长着一条长长的尾巴，身上羽毛颜色鲜艳，通体赤红就好似一团丹火，而喙却是青色的，名字叫鸰鹞。它啼叫时的声音就像在呼唤自己的名字，人吃了它的肉就不会做噩梦，还可以避妖。

鴢鵃

又西有谷焉名曰麓峪其木多柳楮其中有鳥焉狀如山鷄而長尾赤如丹火而青喙名曰鴢鵃其鳴自呼服之不眯

· 原文

有兽焉
名曰山膏
其状如逐
赤若丹火
善詈

山膏 [shān gāo]

爱骂人的野兽

【外貌】 形状像小猪，浑身毛皮红如丹火。

　　苦山中栖息着一种野兽，名叫山膏，其形状像普通的猪，但浑身毛皮都是红色的，如同一团丹火，这种野兽喜欢骂人。

　　传说，上古时，帝喾出游，在山林中曾遇上一只山膏。岂料这异兽出口即骂，最后被帝喾的狗盘瓠咬死了。

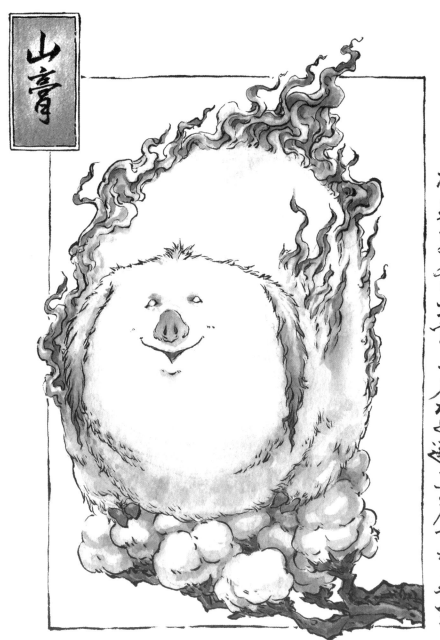

山膏

有獸焉名曰山膏其狀如逐赤若丹火善詈

文 文 [wén wén]

蜜蜂般的小兽

【外貌】 外形像蜜蜂，有条分叉的尾巴，舌头反长着。

　　放皋山草木葱茏，明水从这里发源，注入伊水。在这山清
水秀的地方栖息着一种野兽，名叫文文。文文的样子像蜜蜂，
长着分叉的尾巴和倒转的舌头，喜欢呼叫。

文文

本書爲青美水如蜂枝尾而反古善鳴其名曰文文

鸩 [zhèn]

有剧毒的鸟

女几山上遍布着精美的玉石，山下则蕴藏着丰富的黄金。山中栖息着众多的飞禽走兽，禽鸟以白鷮最多，此外还有很多的长尾巴野鸡和鸩鸟。

《山海经》此处没有详细描写这种鸩鸟的外貌，但据说其体形大小和雕相当，羽毛紫绿色，颈部很长，喙是红色的。雄鸟名叫运日，雌鸟名叫阴谐。它们能预报天气，如果天气将晴朗少云，则雄鸟运日先鸣；如果天上将有阴雨，则雌鸟阴谐就先鸣。

传说，鸩鸟以剧毒的蝮蛇为食，而身带剧毒。甚至鸩鸟喝过水的水池都有毒，其他的动物去喝必死无疑。古人曾用鸩鸟的羽毛浸泡毒酒，名为鸩酒，以毒害他人，以致后来的毒酒就都叫鸩酒了。虽然其有毒的恶名远扬，但鸩鸟作为一种猛禽，专门捕食让人不寒而栗的毒蛇，因此人们又把它当成勇猛与力量的象征，把它捕蛇的形象铸刻在贵重的青铜器上。

《山海经·中山经》中也描写了一种鸩鸟，栖息在瑶碧山，以蜚虫为食，与此处描写的不是同一种鸟。

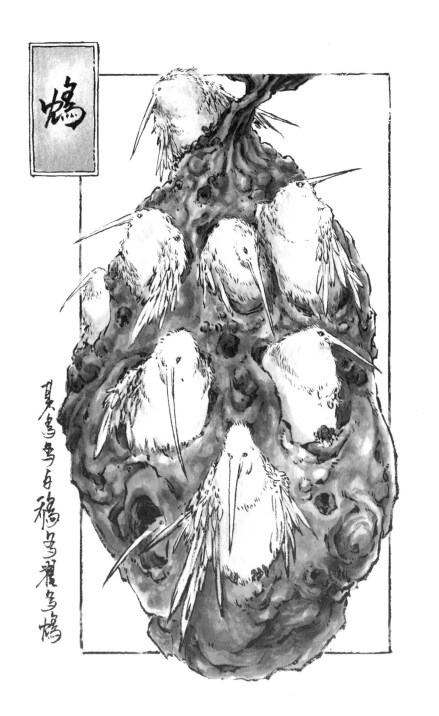

• 原文

有鸟焉
状如鸮而赤身白首
其名曰窃脂
可以御火

窃脂 [qiè zhī]

能辟火的鸟

【外貌】 形貌与猫头鹰相似，身上的羽毛却是红色的，长着一个
　　　　白色的脑袋。

【功效】 人饲养它就可以辟火。

崌山树木多楢树、杻树、梅树和梓树，野兽多夔牛、羚
羊、犀牛和兕。山中还有一种禽鸟，名叫窃脂，也叫桑扈。其
形貌与猫头鹰相似，身上的羽毛却是红色的，长着一个白色的
脑袋，人饲养它就可以辟火。

郭璞曾推测窃脂就是青雀，这种鸟经常飞到人家偷肥肉
吃，这就是"窃脂"这个名字的由来。

窮脂

有鳥焉状鵂而青身白首其名曰窮脂可以禦火

犰狼 [yǐ láng]

预示着战乱的凶兽

【外貌】 体形和狐狸相似，却长着白色的尾巴，头上还有一对长
耳朵。

【异兆】 它在哪个国家出现，哪个国家就会发生战乱。

    蛇山上蕴藏着丰富的黄金，山下多出产柔软的垩土。山中林木蓊郁，草木茂盛，生机勃勃。山中有一种野兽，形状和狐狸相似，却长着白色的尾巴，头上还有一对长耳朵，名字叫犰狼，它在哪个国家出现，哪个国家就会发生战乱。

犰狼

名曰犰狼見則國内有兵

有善馬其伏如狐而白尾長耳

跂踵 [qǐ zhǒng]

带来瘟疫的怪鸟

【外貌】 体形和一般的猫头鹰相似，只长了一只爪子，还长有一
条猪尾巴。

【异兆】 它在哪个国家出现，哪个国家就会发生瘟疫。

　　复州山蕴藏有丰富的黄金，山上生长着郁郁葱葱的檀树
林。檀树林中有一种怪鸟，其体形和一般的猫头鹰相似，只长
了一只爪子，还长有一条猪尾巴，名字叫作跂踵，它在哪个国
家出现，哪个国家就会发生瘟疫。

　　古人认为独脚的妖怪会带来疫病。特别是大年夜来访的
诸神，如果当中有独脚的怪神，就会在人居住的地方到处播撒
疾病的种子。因此，人们在除夕会早早放下寝室的帘子以防
疫病。

有鳥焉其狀如鴟而一足彘尾其名曰跂踵

見則其國大疫

跂踵

雍和 [yōng hé]

恐怖的象征

【外貌】 体形像猿猴，红眼睛和红嘴巴，黄身子。
【异兆】 它在哪个国家出现，哪个国家就会发生恐怖事件。

　　丰山中栖息着一种奇兽，其体形像猿猴，却长着红色的眼睛和嘴巴，还有黄色的身子，名字叫雍和。它名字虽然好听，却是一个灾兽，它在哪个国家出现，哪个国家就会发生大的恐怖事件。

• 原文

有鸟焉
其名曰婴勺
其状如鹊
赤目、赤喙、白身
其尾若勺
其鸣自呼

婴勺 [yīng sháo]

长着勺子般的尾巴

【外貌】 外形像喜鹊，红眼睛和红嘴巴，白色的身子，尾巴与酒勺相似。

　　支离山中有种鸟，叫婴勺，外形像喜鹊，长着红眼睛、红嘴巴和白色的身子。婴勺最奇特的是它的尾巴，长得就像酒勺。婴勺啼叫的声音像在呼唤自己的名字。

凭母

其状如鹤 赤目赤喙白身

其尾若勺 其鸣自呼

有鸟焉 其状名曰凭母

· 原文

其鸣自叫
可以御疫
名曰青耕
白目白尾
青身白喙
其状如鹊
有鸟焉

青耕 [qīng gēng]

抵御瘟疫的鸟

【外貌】 体形像喜鹊，青色身子、白色嘴喙、白色眼睛及白色尾巴。

【异兆】 饲养它可以抵御瘟疫。

　　董理山物产丰富，山上覆盖着茂密的松树、柏树和梓树林。林中栖息着一种禽鸟，其形状与一般的喜鹊类似，但却是青色的身子、白色的喙、白色的眼睛及白色的尾巴，名字叫青耕。它是一种吉鸟，人饲养它可以抵御瘟疫，不受流行疫病侵扰，它发出的叫声也像是在呼唤自己的名字。

青耕

有鳥焉其狀如鵲青身白喙白目白尾名曰青耕

可以御疫其鳴自叫

猴 [1]

预示着瘟疫的红色怪兽

【外貌】　长得像刺猬，全身毛皮赤红，犹如一团丹火。

【异兆】　它在哪个国家出现，哪个国家就会有大瘟疫。

　　乐马山中有种野兽，体形和一般的刺猬类似，全身毛皮赤红，犹如一团丹火，名称是猴。它在哪个国家出现，哪个国家就会有大瘟疫。

猴

有獸焉其狀如彙赤如丹火其名曰猴見則其國大疫

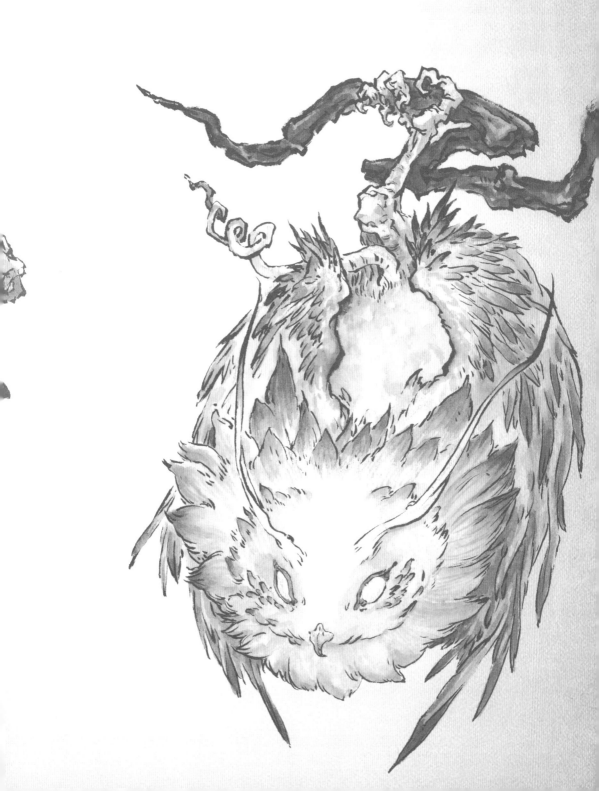

· 原文

有兽焉
状如獻鼠
白耳白喙
名曰狙如
见则其国有大兵

狙如 [jū rú]

兵祸的象征

【外貌】 长得像獻鼠，长着白色耳朵和白色嘴巴。
【异兆】 它出现在哪个国家，哪个国家就会兵祸连连。

　　倚帝山上遍布着精美的玉石，山下蕴藏着丰富的黄金。山中栖息着一种野兽，其形状与獻鼠类似，但长着白色的耳朵和白色的嘴巴，名字叫狙如。它也是一种灾兽，在哪个国家出现，哪个国家就会烽烟四起，兵祸连连。

狙如

有獸焉其狀如
鼲鼠白耳白喙
名曰狙如見則
其國有大兵

狋即 [yí jí]

长尾的犬形怪兽

【外貌】 体形像西膜之犬，长着红色的嘴巴、红色的眼睛、白色
的尾巴。

【异兆】 它一出现，就会发生大火灾。

　　鲜山上多楢树、杻树、苴树，草丛以蔷薇为主，盛产黄
金和铁。鲜山中有种野兽，其体形像西膜之犬，长着红色的嘴
巴、红色的眼睛、白色的尾巴，叫作狋即。它也是一种灾兽，
一旦出现，就会发生大火灾，也有人认为会发生兵乱。

有獸焉其狀如腠犬
赤喙赤目白尾見則其邑有大名曰狰卽

梁渠 [liáng qú]

兵祸的象征

【外貌】 形状像野猫，长着白色的脑袋和老虎般的锋利爪子。
【异兆】 它出现在哪个国家，哪个国家就会有兵戈之乱。

　　茂密繁盛的牡荆树和枸杞树覆盖着整座历石山，山上向阳的南坡蕴藏着大量黄金，背阴的北坡则遍布着各种粗细磨刀石。山中的荆棘丛中栖息着一种野兽，其体形像野猫，长着白色的脑袋和老虎般的锋利爪子，叫作梁渠。它出现在哪个国家，哪个国家就会烽烟四起，有兵戈之乱，百姓饱受战乱之苦。

梁渠

而白首虎爪有名曰梁渠見則其國有大兵

有獸焉其狀如狐狸

䎳鵌 [zhǐ tú]

辟火的吉鸟

【外貌】 形状像乌鸦，长着红色的爪子。

【功效】 人饲养它可以辟火。

　　丑阳山上有漫山遍野的稠树林和椐树林，林中栖息着一种鸟，叫作䎳鵌，外形就好像乌鸦，却与乌鸦有不同之处——它们长着红色的爪子。人饲养这种鸟可以辟火。

駁鶹

有鳥焉其狀如鳥而赤足名曰駁鶹可以御火

闻 獜 [wén lín]

风灾预报者

【外貌】 外形像猪，黄色皮毛、白色脑袋和白色尾巴。

【异兆】 它一出现就会带来狂风。

凡山上多楢树、檀树、杻树，还盛产各种香草。山上有一种野兽，其模样和普通的猪相似，但身上的毛皮是黄色的，还长着白色的脑袋和白色的尾巴，名字叫闻獜。它也是一种灾兽，是大风出现的征兆，一旦出现就会带来狂风。

名曰涧獿見則天下大风

其身為人其心如豕黄身白头白尾

· 原文

—— 灭蒙鸟在结匈国北

为鸟青

赤尾

灭蒙鸟 [miè méng niǎo]

青羽红尾的鸟

【外貌】 长着青色的羽毛和红色的尾巴。

灭蒙鸟居住在结匈国的北面，身上长着青色的羽毛，后面还拖着红色的尾巴。色彩鲜艳，十分美丽。

灭蒙鸟

灭蒙鸟在结匈国北其为鸟青赤尾

黄马 [huáng mǎ]

虎纹马身

【外貌】黄色的马，身上长着虎纹。

　　一臂国有黄色的马，身上有老虎斑纹，长着一只眼睛和一只手。

　　在非洲埃塞俄比亚有一种扭角林羚，长着黄色的带纹路的皮毛。有人认为非洲扭角林羚就是《山海经》中描述的黄马。

• 原文

鸰鸟、鹯鸟

其色青黄

所经国亡

在女祭北

鸰鸟人面

居山上

一曰维鸟

青鸟、黄鸟所集

鸰、鹯 [cì zhān]

亡国之鸟

【外貌】 有青中带黄的羽毛。

　　鸰鸟、鹯鸟，其羽毛颜色青中带黄。它们经过哪个国家那个国家就会败亡。鸰鸟、鹯鸟栖息在女巫祭和戚居住地的北面。鸰鸟长着人的面孔，立在山上。另一种说法认为这两种鸟统称维鸟，是青色鸟、黄色鸟聚集在一起的混称。这里是把它们当作同一种鸟来画的。

鴜鶘

鴜鶘鳥

其色青黄

所経国亡在女祭北

鴜鳥人面居山上曰鴜鳥

青鳥黄鳥所集

· 原文

旄马
其状如马
四节有毛
在巴蛇西北
高山南

旄马 [máo mǎ]

关节长毛的马

【外貌】 像普通的马，四条腿的关节上都有长毛。

　　旄马栖息在巴蛇所在地的西北面，一座高山的南面。旄
马，形状像普通的马，马鬃长长地垂下，四条腿的关节上都有
长毛。

　　旄马又叫豪马，传说周穆王西狩的时候，就曾经用豪马和
豪牛、龙狗、豪羊为牲来祭祀文山。

• 原文

有兽焉

其名曰驳

状如白马

锯牙

食虎豹

驳 [bó]

长着利齿的白马

【外貌】 像白色的马，长着锯齿般的牙。

北海内有一种野兽，名称是驳，形状像白色的马，长着锯齿般的牙，能吃老虎和豹子。

传说，春秋战国时期，齐桓公骑着一匹马行至深山，远远有只老虎望见他吓得不敢上前，赶忙伏倒在地上。齐桓公便问管仲："我只是骑了一匹马，老虎见了竟然如此害怕，这是什么原因？"管仲回答说："你是不是骑着骏马迎着太阳飞驰？"桓公说："是呀，那又如何？"管仲说："这正是马跑起来的样子啊！专吃虎豹，所以老虎一见就害怕了。"

骒骒 [táo tú]

北海的马形怪兽

【外貌】 像一般的马。

【异兆】 天子圣明时，骒骒就会出现。

北海内有一种野兽，形状像一般的马，名叫骒骒。

骒骒又叫野马，是一种良马，善于奔跑，但性情刚烈，不可驯服。它也是一种瑞兽，如果中原有圣明天子在位治理天下，它就会出现。

蚪犬 [táo quǎn]

青色的犬形怪兽

【外貌】 像一般的狗，全身是青色。

　　蚪犬的形体和一般的狗类似，浑身毛皮都是青色，是一种凶恶的食人兽。它吃人的方式很有特点，都是从人的头开始吃起。

吉量 [jí liáng]

白身红鬣的马

【外貌】 毛皮绝白，鬣毛为红色，眼睛像黄金一样。

【功效】 骑上它就能有千年的寿命。

犬封国有一种马，名字叫吉量。这种马又叫吉良或吉黄，毛皮是白色的，有斑斓的花纹，马鬣赤红色，双目金光闪闪。骑上它就能使人长寿千岁。

奇肱国也有吉量，吉量是奇肱国人平时出门的坐骑。传说犬封国曾敬献吉量给周文王。后来商纣王知道此事，便拘文王于羑里，姜太公与散宜生只好牵着这匹犬封国敬献的吉量献给纣王，以解救文王。

蛩蛩 [qióng qióng]

白色的马形怪兽

【外貌】 形状像马，皮毛是白色的。

北海内有一种白色的野兽，形状像马，名叫蛩蛩。

并封 [bìng fēng]

双头猪

【外貌】 形状像猪，前后都有头，浑身都是黑毛。

　　在巫咸国东面，栖息着一种名叫并封的怪兽。它的形状像
猪，前后都有头，浑身黑毛。

　　也有一种说法，并封也作"并逢"，"并"和"逢"都有
"合"之意，因此并封是一种雌雄同体的异兽。

并封

并封在巫咸东，其状如彘，前后皆有首，黑。

乘黄 [chéng huáng]

增加人寿命的野兽

【外貌】 体形像一般的狐狸，脊背上有角。

【功效】 人骑上它就能有两千年的寿命。

白民国有一种叫作乘黄的野兽，形状像一般的狐狸，脊背上有角，人要是骑上它就能有两千年的寿命。

杜甫有诗曰："乘黄已去矣，凡马徒区区"，可见古人有时也用乘黄作为良驹的别称。

乘黃

有乘黃，其
狀如狐，其脊
上有角，乘之
者壽三千岁

狰

狰在章莪、北多有雨者一曰左君子周北

狰

· 原文

蚢蚢在其北

各有两首

一曰在君子国北

蚢蚢 [hóng hóng]

双头怪兽

【外貌】 有两个头。

　　蚢蚢在狄山的北面，另一种说法认为在君子国的北面。它的前后两端都各有一个脑袋。

　　蚢就是虹的古字，其字形是一个双头同体的动物的象形，古人认为虹是双首大口吸水的长虫，横跨在山水之上。还有雌雄之分，单出名为虹，雌雄双出名为蜺。

· 原文
——
有虫
兽首蛇身
——
名曰琴虫

琴虫 [qín chóng]

蛇身兽首

【外貌】 有着野兽的脑袋和蛇的身子。

　　大荒当中，有座山名叫不咸山，山中有个肃慎氏国。这里有一种蛇，有野兽的脑袋和蛇的身子，名叫琴虫。

猎猎 [liè liè]

黑色的熊形怪兽

【外貌】 长得像熊的虫。

叔歜国有一种野兽，名叫猎猎。其形貌似熊，毛色漆黑。

猎猎

有黑虫如熊状名曰猎猎

琴虫

有虫善鬥有蚖牙名曰琴虫

· 原文

——
孟鸟在貊国东北
其鸟文赤黄青
东乡

孟鸟 [mèng niǎo]

美丽的三色鸟

【外貌】 长着红、黄、青三种颜色的羽毛。

　　孟鸟栖息在貊国的东北面，朝向东方。这种鸟的羽毛色彩
绚烂，红、黄、青三种颜色相互间杂，十分漂亮。

大蜂 [dà fēng]

巨大的蜂虫

【外貌】 形状像螽斯。

大蜂，形状像螽斯。传说大蜂的腹部大如水壶，里面有毒液，蜇人后就能将人杀死。

● **原文**

有五采之鸟
相乡弃沙
惟帝俊下友
帝下两坛
采鸟是司

五采鸟 [wǔ cǎi niǎo]

掌管祭坛的鸟

【外貌】 长着五彩羽毛。

　　有一群长着五彩羽毛的鸟，是和凤凰一样的祥瑞之鸟，它们两两相伴，翩翩起舞。天帝帝俊从天上下来和它们交友。帝俊在下界的两座祭坛，由这群五彩鸟掌管着。

狂鸟 [kuáng niǎo]

有冠的五彩鸟

【外貌】 长着五彩羽毛，头上有冠。

　　有一种长着五彩羽毛的鸟，毛色鲜艳，羽翼丰满，头上有冠；它是凤凰一类的神鸟，名叫狂鸟。

鸣鸟 [míng niǎo]

令乐曲歌舞风行的奇鸟

【外貌】 长着五彩羽毛。

　　有座弇州山，山上有一种长着五彩羽毛的鸟仰头向天而
嘘，名叫鸣鸟。这里有各种各样乐曲歌舞风行。

五色鸟 [wǔ sè niǎo]

人面五彩鸟

【外貌】 长着五彩羽毛、人的脸孔、还有头发。
【异兆】 代表亡国之兆。

　　大荒之中又有座玄丹山，山上栖息着一种长着五彩羽毛的鸟，它们有一副人的脸孔，还有头发。传说这种人面鸟也是代表亡国之兆的祸鸟。

白鸟 [bái niǎo]

不白的鸟

【外貌】 有青色的翅膀，黄色的尾巴，黑色的嘴。

金门山上有一种鸟，名叫白鸟，它们与黄姮尸、比翼鸟及天犬共同生活在此。但白鸟身上并不白，它们长着青色的翅膀、黄色的尾巴、黑色的喙。

· 原文

有青鸟

身黄、赤足、六首

——名日鸒鸟

鸒鸟 [chù niǎo]

六头青鸟

【外貌】 有青色的翅膀，黄色的尾巴，红色的爪子。

　　有一种青鸟，身子是黄色的，爪子是红色的，长有六个头，名叫鸒鸟。

朱蛾 [zhū é]

蚍蜉般的小虫

【外貌】 长得像蚍蜉。

朱蛾是一种小虫，形状像蚍蜉。

阘非 [tà fēi]

人面兽身

【外貌】人面兽身，全身青色。

　　阘非是一种人面兽，长着人的面孔和野兽的身子，全身是青色的。

罗 罗 [luó luó]

青色的虎形兽

【外貌】 皮毛青色，状如虎。

　　北海内有一种青色的野兽，形状像老虎，名叫罗罗。这种罗罗兽就是青虎，后来有南方少数民族就称老虎为罗罗；其族中信仰虎的一支，就自称罗罗人。

羅羅

有毒，善为水，如虎，名曰羅羅

· 原文

林氏国有珍兽
大若虎
五采华具
尾长于身
名曰驺吾
乘之日行千里

驺吾 [zōu wú]

如虎怪兽

【外貌】 大小如老虎，身上有五色斑纹，尾巴长过身子。

【功效】 骑上它可以日行千里。

　　林氏国有一种珍奇的野兽，大小与老虎差不多，身上有五种颜色的斑纹，尾巴长过身子，名叫驺吾，骑上它可以日行千里。

　　驺吾是一种仁德忠义之兽，外猛而威内。据说它从不践踏正在生长的青草，而且只吃自然老死的动物的肉，非常仁义。同时驺吾还是一种祥瑞之兽，当君王圣明仁义的时候，驺吾就会出现。

　　传说驺吾也叫驺虞。相传周文王被囚羑里时，部属向林氏国求得此兽进献给殷纣王，周文王才得以脱身。

駮䖈

梛氏国有珍兽犬若虎
五采毕其尾长于身

名曰駮䖈乘之日行千里

东海中有流波山
入海七千里
其上有兽
状如牛
苍身而无角
一足
出入水则必风雨
其光如日月
其声如雷
其名曰夔
黄帝得之
以其皮为鼓
橛以雷兽之骨
声闻五百里
以威天下

夔 [kuí]

独蹄神牛

【外貌】 长得像普通的牛，但只有一只蹄子，没有角，皮毛是青苍色的。

东海之中有座流波山，这座山离东海有七千里。山上栖息着一种神兽，其形状像普通的牛，身上的毛皮呈青苍色，却没有犄角，仅有一只蹄子。它出入海水时就一定有大风大雨相伴随，并发出如同太阳和月亮般的光芒，吼叫起来的声音如同雷鸣。这种神兽名叫夔，是雷泽之神。黄帝曾经得到它，用它的皮蒙鼓，再拿雷兽的骨头敲打这鼓，响声能传到五百里以外，威震天下。

相传黄帝与蚩尤在涿鹿大战时，玄女为黄帝制作了夔牛鼓八十面，每面鼓声震五百里；八十面鼓齐响，声震三千八百里，威风至极。当时蚩尤铜头铁额，能吃石头，飞空走险，无往不利。可是黄帝用夔牛鼓连击九下，蚩尤竟然被震慑住，再也不能飞走，最终被黄帝捉住杀死。

夔

东海中有流波山入海七千里其上有兽状如牛苍身而无角一足出入水则必风雨其光如日月其声如雷其名曰夔黄帝得之以其皮为鼓橛以雷兽之骨声闻五百里以威天下

· 原文

——有虫状如菟

——胸以后者裸不见

青如猨状

青菟 [qīng tù]

青色的怪兔

【外貌】 形状像普通的兔子，有青色的皮毛。

青菟这种小兽，形状与普通的兔子相似，胸脯以下的双腿与皮毛分不出来，这是因为它的皮毛青得像猿猴而把裸露的部分遮住了。

青萑

有出沁如菟胸以居官裸不見辜如援水

· 原文

南海之外
赤水之西
流沙之东
有兽
左右有首
名曰跊踢

跊踢 [chù tī]

双头怪兽

【外貌】 左右两个头。

在南海之外，赤水的西岸，流沙的东面，有一种野兽，左
右两边各有一个头，四只眼睛都专注地看着前方，这种野兽名
叫跊踢。传说跊踢就是述荡，其手腕上的肉鲜美无比。

跊踢

南海之外，東水之西流沙之東，有獸，左右有首，名曰跊踢

双双 [shuāng shuāng]

三身一体的怪兽

【外貌】 青色的野兽，三个身子连在一起。

有三只青色的野兽交相合并在一起，名字叫双双。

这种奇兽身体虽然连在一起，却有各自独立的心志，只不过碍于身体相连，同行同止罢了。也有人认为双双是种奇鸟，是三青鸟的合体，在一个身子上生着两个头，尾部有雌雄之分，所以一只双双鸟便是一对夫妇，它们双宿双飞，常被用来比喻爱情。

有二青蛇相并名曰双双

屏蓬 [píng péng]

雌雄同体怪兽

【外貌】 左右两边各长一个头，雌雄同体。

　　大荒之中，有座山名叫鏖鏊钜山，是太阳和月亮降落的地方。那里有一种怪兽，其左右两边各长着一个头，雌雄同体而生，名叫屏蓬。

　　屏蓬这种双头奇兽，同《海外西经》中前后各一首的并封，以及《大荒南经》中左右各一首的跊踢有着相似之处。

天 犬 [tiān quǎn]

引发战争的红狗

【外貌】 红色的狗。

【异兆】 它所降临的地方就会发生战争。

　　金门山上有一种浑身赤红的狗，名叫天犬，它所降临的地方就会发生战争。传说天犬降临时，奔跑的速度像飞一般快，天上出现的流星，就是天犬奔跑留下的痕迹。

天犬

有赤犬名曰天犬其
所下者光炎火以
下有聲其止地類
犬所墜及人家
則有兵

蜚蛭 [fěi zhì]

四翅飞虫

【外貌】 长着四只翅膀。

　　不咸山的肃慎氏国有一种虫子，名叫蜚蛭，长着四只翅膀。

蜚蛭

大荒之中有山名曰不咸有肅慎氏之國有蜚蛭四翼

蝡 蛇 [ruǎn shé]

灵山红蛇

【外貌】 身体呈赤红色。

　　列襄国有一座高山，名为灵山，它就是十巫往返于天地之间的地方。山中的树上有一种红色的蛇，叫作蝡蛇，以树木为食物。

蜒蛇

有灵山有赤蛇
在木上名曰蜒
蛇木食

· 原文

又有青兽如菟

名日闺狗

囷狗 [jūn gǒu]

青色的兔形怪兽

【外貌】 形状像兔子，浑身青色。

有一种像兔子的青色野兽，名叫囷狗。

崗狗

又有獸焉其狀如兎名曰崗狗

第二卷

海怪

山
经
海

鳙 鳙 [yōng yōng]

发出如猪叫声音的鱼

【外貌】 长相似犁牛。

【技能】 预测涨落潮。

　　鳙鳙鱼因为体形像牛，所以也被称作牛鱼。传说鳙鳙鱼除
了橄蛊山，还生活在东海中。它的皮能够预测潮起潮落。将它
的皮剥下后悬挂起来，涨潮时，皮上的毛就会竖起来；潮水退
去时，毛就会伏下去。鳙鳙鱼还特别好睡觉；而且受惊后发出
的声音很大，甚至一里外都能听见。

鯩鯩

食水出焉而東北
流注于海其中多
鯩鯩之魚
其狀如犁牛其音如彘鳴

· 原文

其中多箴鱼
其状如儵
其喙如箴
食之无疫疾

箴鱼 [zhēn yú]

预防瘟疫的鱼

【外貌】　长得像儵鱼，它的喙像针一样。
【功效】　吃了箴鱼的肉就不会染上瘟疫。

泜水从枸状山山麓发源，向北注入湖水。水中生长着很多箴鱼，其形状像儵鱼，却有像针一样的喙，它也因此而得名。据说人吃了箴鱼的肉就不会染上瘟疫。

《本草纲目》中也有关于箴鱼的记载。而民间有传说，姜太公钓鱼时钓的就是这种鱼，只不过不小心把钓针遗落在鱼嘴上，因此箴鱼就有了一个尖细的喙。

箴魚

其中多箴魚
其狀如儵
其喙如箴
食之无疫疾

末涂之水出焉
而东南流注于沔
其中多鯈鰫
其状如黄蛇
鱼翼
出入有光
见则其邑大旱

鯈鰫 [tiáo yóng]

带来旱灾的不详动物

【外貌】 长相似黄蛇，但长着鱼一样的鳍。

【异兆】 鯈鰫的出现预示着会发生大旱灾。

末涂水从独山发源，然后向东南流淌，最后注入沔水，水中有很多鯈鰫。鯈鰫长相与黄蛇相似，而且还长着鱼一样的鳍，它们出入水中时闪闪发光。

据说鯈鰫在哪里出现，哪里就会发生大旱灾。又因为鯈鰫出入水中时身体闪闪发光，于是古人将它和火联系在一起，还说它的出现也是火灾的征兆，将它视为一种不祥的动物。

倏鳙

末涂之水出焉而东南流注于渭其中多倏鳙其
状如黄蛇鱼翼出入有光

其鸣则其邑大旱

• 原文

澧水出焉
东流注于余泽
其中多珠鳖鱼
其状如肺而有四目
六足有珠
其味酸甘
食之无疠

珠鳖鱼 [zhū biē yú]

酸甜可口的六足怪鱼

【外貌】 长得像人的肺叶，有四只眼睛、六只脚。

【技能／功效】 能吐出珍珠；吃了珠鳖鱼的肉不会染上瘟疫。

　　澧水发源于葛山，向东注入余泽，水中有很多珠鳖鱼。珠鳖鱼的外形像一片肺叶，长有四只眼睛、六只脚。这种鱼的体内能孕育珍珠，并能把珍珠吐出来。其肉味酸中带甜，人吃了就不会染上瘟疫。

　　珠鳖鱼，在《吕氏春秋》中被记载为"朱鳖"，据说吕不韦认为这种鱼在鱼肉中最为鲜美；晋朝的文学家郭璞在《江赋》中则称之为"赪鳖"，意思为一种朱红色的鳖。

澧水出焉，東流注于余澤，其中多珠鼈魚，其狀如肺而有四目六足，有珠，其味酸甘，食之無癘疾

· 原文

其中多鳝、鲔

名曰碧阳

其上有水出焉

鲔 [wěi]

鲤鱼跃龙门的原型

　　孟子山方圆约百里，有条叫碧阳的河流从山上发源，水中生长着很多鲔鱼。鲔鱼，鱼类的一种，体呈纺锤形，肉食性动物。

　　传说山东、辽东一代的人称鲔鱼为尉鱼，认为此鱼是汉武帝时期的乐浪（今朝鲜）尉仲明溺死海中所化。相传三月份的时候鲔鱼就成群结队地溯黄河而上，在龙门受阻，如果有哪条鲔鱼能够战胜激流，越过龙门，便能化身为龙。鲤鱼跃龙门的传说大概就是从这里演化而来的吧。

鮹

其山府水出焉
若日碧阳其中多
鲤鮹

• 原文

有鱼焉
其状如鲤
而六足鸟尾
名曰鲐鲐之鱼
其名自叫

鲐鲐鱼 [há há yú]

长着六脚鸟尾的怪鱼

【外貌】 形状像鲤鱼，却长有六只脚和鸟尾巴。

跂踵山中有一水潭，方圆四十里多为喷涌的泉水，叫作深泽。水中有种鱼，其形状像鲤鱼，长有六只脚和鸟尾巴，叫作鲐鲐鱼，叫声就像在呼唤自己的名字。

鲐鲐鱼在泉水喷涌、深不可测的深泽中，能够潜入非常深的地方。鲐鲐鱼不像一般的鱼那样是卵生，而是胎生。

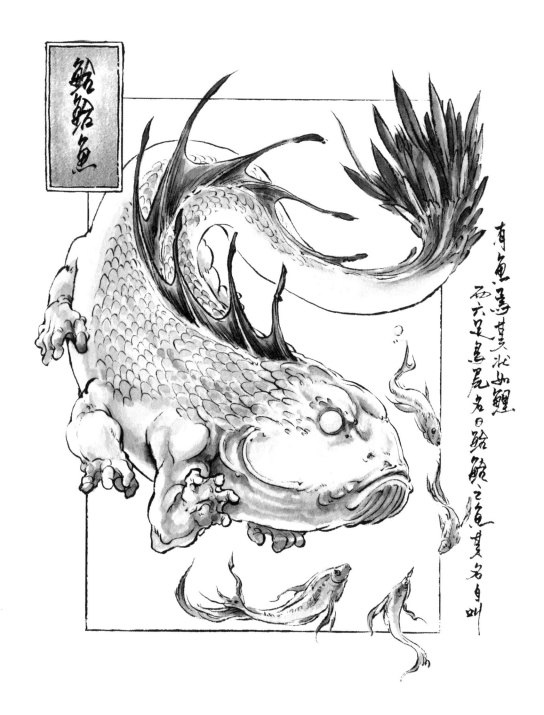

鮥鮥魚

有魚焉其狀如鯉而六足鳥尾名曰鮥鮹之魚其名曰呌

● 原文

苍体之水出焉

而西流注于展水

其中多鳛鱼

其状如鲤而大首

食者不疣

鳛鱼 [xiū yú]

吃了不长瘊子的大头鱼

【外貌】 形状像鲤鱼，头长得很大。

【功效】 吃了鳛鱼的肉，就不会生瘊。

　　苍体水从浽山发源，然后向西流淌，最后注入展水，鳛鱼就生活在这苍体水中。鳛鱼像鲤鱼而头长得很大，吃了它的肉，皮肤上就不会生瘊子。有人说鳛鱼就是泥鳅。钦山的师水里也有很多鳛鱼。

　　李时珍《本草纲目》记载，鳛鱼是鳙鱼的别称。鳙肉性味甘、温，有暖胃益筋骨之功效。将鱼头入药可治风湿头痛，妇女头晕。

鯑魚

苍体之水出焉西西
流流于展水其中多
鯑魚真状如
鯉而大首食者不疣

· 原文

泚水出焉
而东北流注于海
其中多美贝
多茈鱼
其状如鲋
一首而十身
其臭如蘪芜
食之不䵀

茈鱼 [zǐ yú]

吃了不会放屁的鱼

【外貌】 形状像鲫鱼，一个脑袋却长了十个身子。

【功效】 人吃了茈鱼就不会放屁。

东始山多出产苍玉，而泚水正是发源于此，然后向东北注入大海。泚水中多茈鱼，其形状像鲫鱼，一个脑袋，十个身子；散发出与蘪芜草相似的香气，人吃了它就不会放屁。

也有人猜想茈鱼与何罗鱼就是章鱼。茈鱼与《北山经》中描写的何罗鱼很像，都是一头十身，而且其肉都有药用价值。

茈鱼

洮水出焉，而东北流注于海。其中多茈鱼，其状如鲋，一首而十身，其臭如蘼芜，食之不糟。

· 原文

石膏水出焉

而西流注于㶁水

其中多薄鱼

其状如鳝鱼而一目

其音如欧

见则天下大旱

薄鱼 [bó yú]

见则天下大旱

【外貌】 只长了一只眼睛。

【异兆】 薄鱼一旦出现，天下就会发生大旱灾。

女烝山上没有花草树木，石膏水发源于此，向西注入㶁水。水中有很多薄鱼，其形状像一般的鳝鱼，却只长了一只眼睛，发出的声音如同人在呕吐。

薄鱼一旦出现，天下就会发生大旱灾；还传说它是谋反的征兆，一出现就会有谋反之事，总之都是不祥之兆。

有人认为薄鱼便是薄鳅，薄鳅的眼睛很小，而且额部有一个小圆点，人们很可能错把这个圆点当作眼睛，而忽略了薄鳅真正的眼睛。

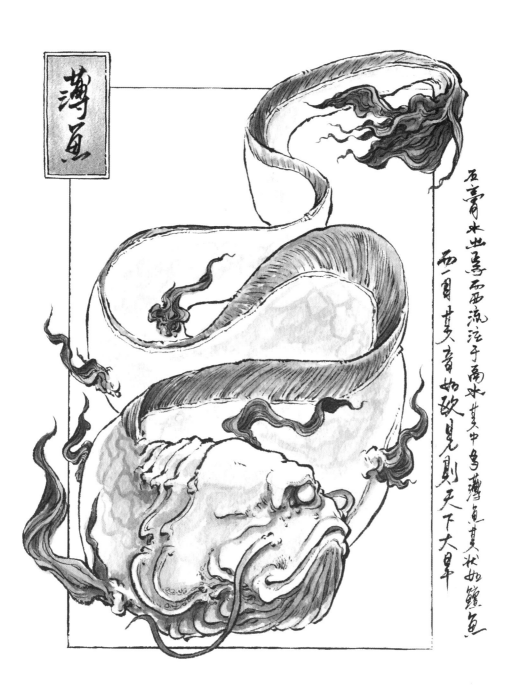

薄魚

石膏水出焉而西流注于涌水其中多薄魚其狀如鱣魚而一目其音如欸見則天下大旱

子桐之水出焉
而西流注入余如之泽
其中多鳛鱼
其状如鱼而鸟翼
出入有光
其音如鸳鸯
见则天下大旱

鳛鱼 [huá yú]

长翅膀的鱼

【外貌】 与一般的鱼相似，却长着一对鸟翅。

【异兆】 鳛鱼的出现预示着天下会发生大旱灾。

　　子桐水从子桐山发源，然后向西流淌，注入余如泽。水中生长着很多鳛鱼，其形状与一般的鱼相似，却长着一对鸟翅，出入水中时身上会闪闪发光，而它发出的声音如同鸳鸯鸣叫。鳛鱼是一种不祥之鱼，一旦出现，天下就会发生大旱灾。

鰩魚

身翼蕶出入有光其音如鴛鴦見則天下大旱

子桐之水出焉而西流注于余如之澤其中多鰩魚其狀如魚而

· 原文

渠猪之水出焉
而南流注于河
其中是多豪鱼
状如鲔
赤喙尾赤羽
可以已白癣

豪鱼 [háo yú]

长着红色羽毛的鱼

【外貌】 体形像鲔鱼，长着红色的嘴，尾巴上长有红色的羽毛。

【功效】 人吃了豪鱼肉就能治愈白癣之类的痼疾。

　　渠猪山上覆盖着茂密的竹林，渠猪水从这座山发源，然后向南流去，注入黄河。渠猪水中生长着很多豪鱼，其形状像一般的鲔鱼，但长着红色的喙，尾巴上还长有红色的羽毛。人吃了它的肉就能治愈白癣之类的痼疾。

豪
魚

桑獨之水出焉而西南流注于河

其中是多豪魚状如鮪赤喙尾赤羽可以巳白癬

飞鱼 [fēi yú]

喜跳跃的鱼

【外貌】 体形像一般的鲫鱼。
【功效】 人吃了飞鱼的肉就能治愈痔疮和痢疾。

　　劳水从牛首山发源，然后向西奔腾而去，最后注入潏水。劳水中生长着很多飞鱼，其形状像一般的鲫鱼，喜欢跃出水面。人吃了飞鱼的肉就能治愈痔疮和痢疾。

　　还有人认为这种鱼能够飞入云层中，还能在惊涛骇浪中游泳，它的翼像蝉一样清透明亮，它们出入时喜好群飞。

　　现代研究人员普遍认为《中山经》中的飞鱼就是今天的斑鳍飞鱼。

飞鱼

劳水出焉而西流注于滴水是多飞鱼其状如鲋鱼食之已痔衕

原文

鲜水出焉
而北流注于伊水
其中多鸣蛇
其状如蛇而四翼
其音如磬
见则其邑大旱

鸣蛇 [míng shé]

能带来旱灾的四翼怪蛇

【外貌】 形体像普通的蛇，却长着两对翅膀。

【异兆】 鸣蛇出现的地方会发生大旱灾。

　　鲜山蕴藏着丰富的金属矿物和各色美玉，而不生长花草树木。鲜水从这座山发源，然后向北流淌，最后注入伊水。水中生活着很多鸣蛇，其样子像普通的蛇，却长着两对翅膀，叫声如同敲磬一样响亮。

　　据说鸣蛇在哪个地方出现，哪里就会发生大旱灾。它同肥遗一样，虽然是种灾兽，但也有有用的地方，古人常常将它和肥遗的形象画在墓室或棺椁上，希望用它带来干旱，从而保持墓室干燥，尸体不腐。

鸣蛇

又鸣蛇其状如蛇而四翼其音如磬是则其邑大旱

鲜水出焉而西流注于伊水其中

正回之水出焉
而北流注于河
其中多飞鱼
其状如豚而赤文
服之不畏雷
可以御兵

飞鱼 [fēi yú]

让人不怕打雷的鱼

【外貌】 形状像猪，浑身红色斑纹。

【功效】 吃了飞鱼肉就能使人不怕打雷，还可避免兵刃之灾。

骓山盛产味道甜美的野枣，而背阴的北坡还盛产琈珚玉。正回水从这座山发源，然后向北流去，最后注入黄河。水中生长着许多飞鱼，其形状像猪，却浑身布满了红色斑纹。吃了它的肉就能使人不怕打雷，还可以避免兵刃之灾。

百魚

正回之水，出焉而物流沱于渴，其中魚百魚，其狀壯如豚，而赤文妖，之不畏雷可以御兵。

橐水出焉
而北流注于河
其中多修辟之鱼
状如黾而白喙
其音如鸮
食之已白癣

修辟鱼 [xiū pì yú]

长得像青蛙的鱼

【外貌】 长得像青蛙，嘴巴是白色的。
【功效】 人吃了修辟鱼就能治愈白癣之类的痼疾。

　　橐山上林木蓊郁，绿意盎然。林中的树木大多是臭椿树，还生长着茂密的蒿草。橐水从这座山发源，奔出山涧后向北流淌，最后注入黄河。修辟鱼就生活在这橐水中，其形状像青蛙，却长着白色的嘴巴，发出的声音就如同鸮鹰鸣叫。人吃了这种鱼的肉能治愈白癣之类的痼疾。

　　根据修辟鱼的外形推测，它可能是今天的弹涂鱼。这是一种进化程度较低的古老鱼类，它们用腹鳍作吸盘，以此来抓住树木，用胸鳍向上爬行，能较长时间待在水域外。

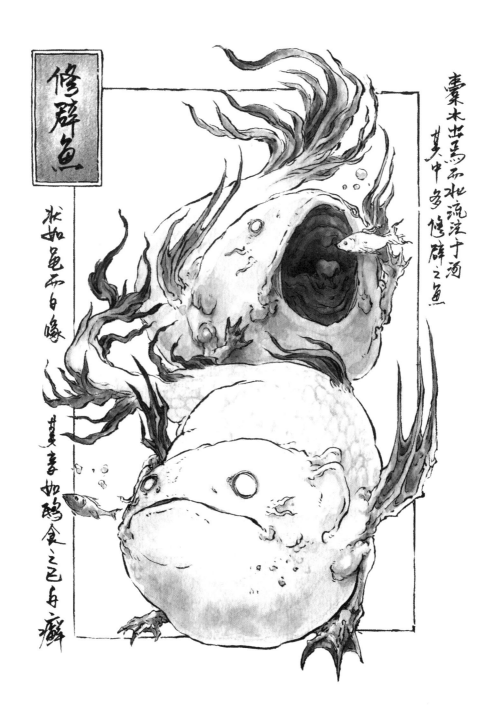

修辟魚

橐水出焉而北流注于湖
其中多修辟之魚

狀如龜而白喙

其音如鴟食之已牙癢

· 原文

其阳狂水出焉
西南流注于伊水
其中多三足龟
食者无大疾
可以已肿

三足龟 [sān zú guī]

可以预防生病的乌龟

【外貌】 只有三只脚。
【功效】 人吃了它的肉就不会生大的疾病，还能消除痈肿。

　　狂水从大苦山的南麓发源，然后向西南流淌，注入伊水。水中生活着很多三足龟，它只长了三只脚。虽然三足龟的样子有些奇特，但却是一种吉祥的动物。人吃了它的肉就不会生大的疾病，还能消除痈肿。

　　《尔雅·释鱼》云："鳖三足，能；龟三足，贲。"所以三足龟也叫贲。

　　据说在共工怒触不周山之后，天就塌了一半，东南高而西北低。于是女娲冶炼五色石来修补苍天，并砍断大龟的脚支撑天穹。有人认为这就是三足龟的由来。

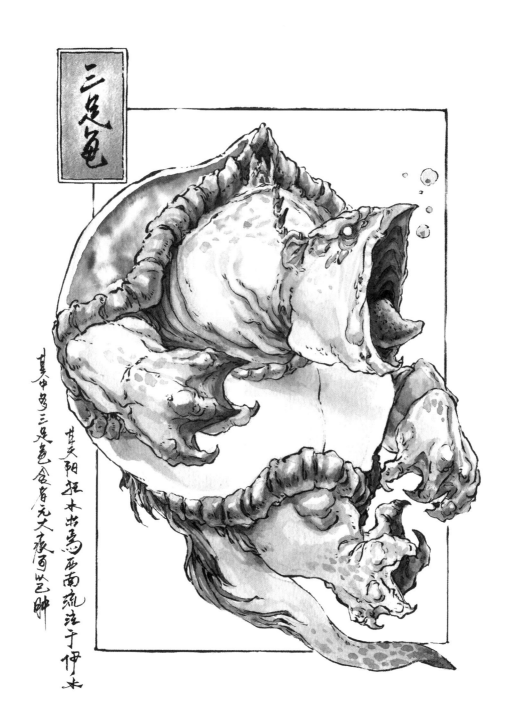

三足龜

其中多三足龜食者无大疾可以已腫

其实朋狂女出爲西南流注于伊水

鲈鱼 [lún yú]

提神的鱼

【外貌】 浑身长满黑色斑纹，体形和鲫鱼相似。
【功效】 人吃了它的肉就不会犯困。

　　来需水从半石山南麓发源，然后向西流淌，最后注入伊水。水中生长着很多鲈鱼，它浑身长满黑色斑纹，体形和鲫鱼相似。人吃了它的肉就能精神饱满，不会犯困，还有人认为能消除肿痛。

䱀魚

来需之水出于其阳而西

流注于伊水其中多䱀魚黑文其状如鮒食者不睡

· 原文

合水出于其阴
而北流注于洛
多媵鱼
状如鳜
居逵
苍文赤尾
食者不痈
可以为瘘

媵鱼 [téng yú]

治病的红尾鱼

【外貌】 能形状像鳜鱼，浑身长满青色斑纹，红色尾巴。
【功效】 人吃了它的肉就不会患上痈肿疾病，还可以治好瘘疮。

　　合水从半石山北麓流出，然后向北流淌，注入洛水。水中
生长着很多媵鱼，其形状像普通的鳜鱼。媵鱼终日隐居在水底
洞穴中，浑身长满青色斑纹，身后的尾巴却是红色的。人吃了
它的肉就不会患上痈肿疾病，还可以治好瘘疮。

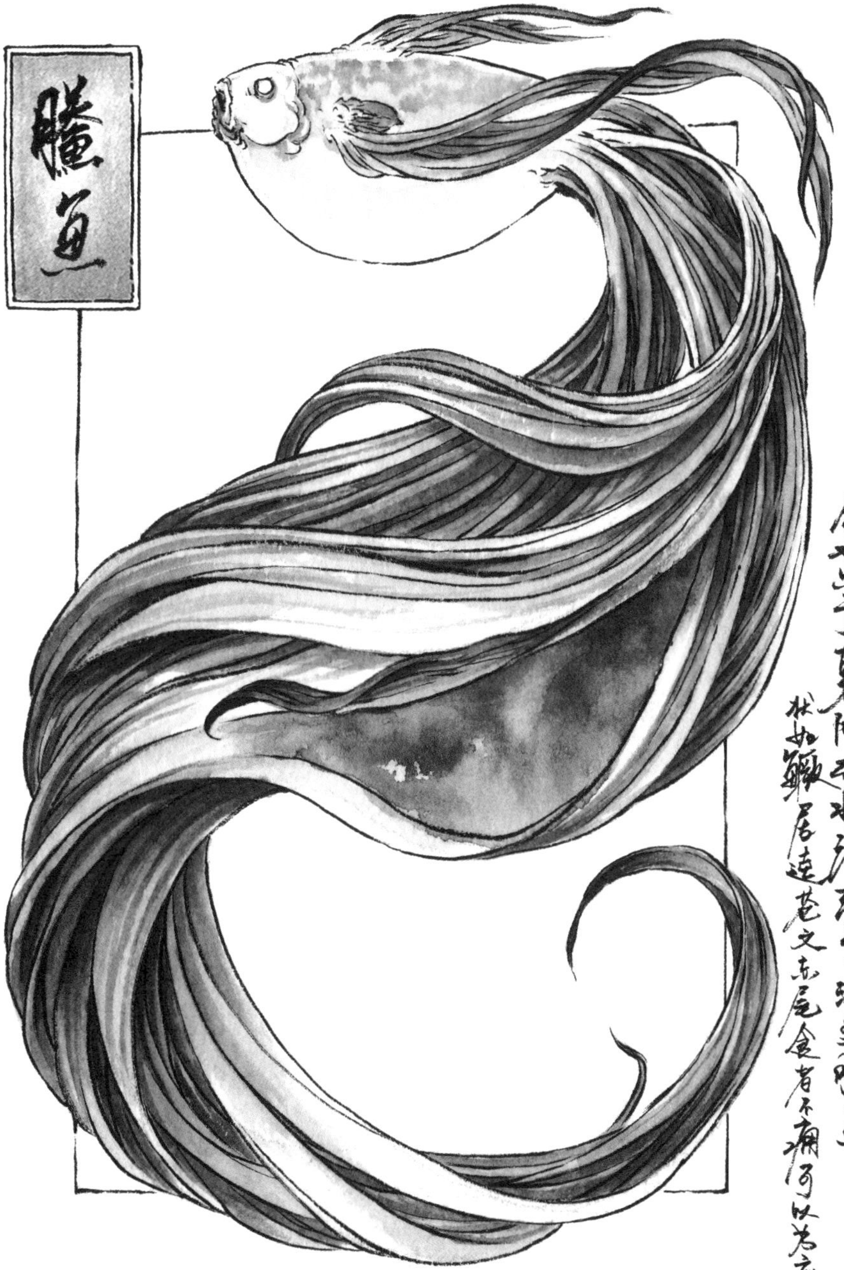

合水出于其阴而北流注于洛多鰧鱼
状如鳜居逵苍文赤尾食者不痈可以为瘘

休水出焉
而北流注于洛
其中多鯑鱼
状如蛰蜼而长距
足白而对
食者无蛊疾
可以御兵

鯑鱼 [tí yú]

能免除兵刃之灾的鱼

【外貌】 身形像猕猴，长有像公鸡一样的爪子，白色的足趾相对
　　　　而长。

【功效】 人吃了它的肉就不会疑神疑鬼，还能避免兵刃之灾。

　　　少室山上郁郁葱葱，各种花草树木丛集而生，相互靠拢
在一起，像一个个圆形的谷仓。休水便发源于少室山，向北注
入洛水。水中有很多鯑鱼，身形像猕猴，长有像公鸡一样的爪
子，白色的足趾相对而长。人吃了它的肉就不会疑神疑鬼，还
能避免兵刃之灾。

休木出焉而
西流注于海
其中多驒薄
其狀如盤蜼

而白喙赤足白面其
食者无蠱疾可以御火

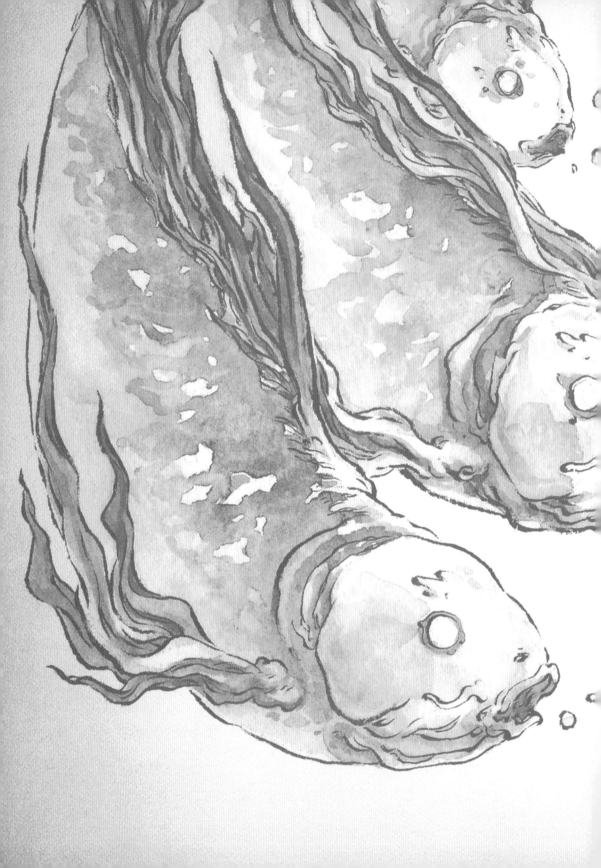

鲛鱼 [jiāo yú]

凶猛的鱼

【外貌】 鱼皮上有珍珠般的斑纹，十分坚硬。

【技能】 尾部有毒，能蜇人。

　　漳水发源于荆山，向东南注入睢水，水中盛产黄金，并有很多鲛鱼。鲛鱼体形庞大，鱼皮上有珍珠般的斑纹，而且十分坚硬，其皮可以用来装饰刀剑。它尾部有毒，能蜇人。

　　传说鲛鱼腹部长着两个洞，其中贮水养子，一个腹部能容下两条小鲛鱼。小鲛鱼早上从母亲嘴里游出，傍晚又回到母亲腹中休息。

　　有人认为鲛鱼就是现代的鲨鱼。

鲛鱼

濞水出焉而东南流注于雌

廿美牛鸟邕屋鸟鲛鱼

鼍 [tuó]

用尾巴敲击肚皮奏乐的神龟

【外貌】 形如蜥蜴，长达两丈。

江水发源于岷山，向东北注入大海。水中有许多鼍，长得像蜥蜴，长可达两丈。

鼍能横向飞翔，却不能直接向上腾起；能吞云吐雾，却不能兴风下雨；尾巴一甩就能使河岸崩落。鼍以其他的鱼为食，喜欢晒太阳睡觉。

传说帝颛顼曾经命鼍演奏音乐，鼍便反转过自己身子，用尾巴敲击肚皮，发出"嘤嘤"的声音。

有人认为，其实鼍就是扬子鳄，是中国特有的一种鳄鱼，是世界上最小的鳄鱼品种之一，俗名土龙、猪婆龙。

䮉

红水出焉，东北流注于海，其中多䮉，良龟多䮉

蛫 [guǐ]

可以辟火的野兽

【外貌】 形状像乌龟，白色身子，红色脑袋。
【功效】 人饲养它，就不会遭受火灾。

即公山中林木蓊郁，林中树木以柳树、杻树、檀树、桑树为多。山中有一种野兽，名为蛫，外形如普通的乌龟，但身子是白色的，脑袋是红色的。它是一种吉兽，人如果饲养它，就不会遭受火灾。

蚆

厚身為其
狀如龜而
白身赤首
名曰蚆是
可以御火

龙鱼陵居在其北
——
状如鲤
一日鰕
——
即有神圣乘此以行九野

龙鱼 [lóng yú]

圣人的坐骑

【外貌】 体形像一般的鲤鱼。

　　龙鱼既可在水中居住，又可在山陵居住。龙鱼的形状像一般的鲤鱼。传说有圣人骑着它遨游在广袤的原野上。

　　关于龙鱼的外形有另一种说法，认为龙鱼像鰕鱼，鰕鱼就是我们所说的娃娃鱼。

龙鱼

龙鱼陵居在其北,状如鲤。一曰鰕,即有神圣乘此以行九野。

陵 鱼 [líng yú]

美人鱼

【外貌】 长着人的面孔和鱼的身子，有手脚。

【功效】 骑上它可以日行千里。

      陵鱼长着一副人的面孔，而且有手有脚，但身子却像鱼，生活在海中。

      传说陵鱼一出现，就会风涛骤起。有人认为陵鱼就是人鱼，又叫鲛人。她们都是些美丽的女子，生活在水中，仅在水中觅食，皮肤洁白如玉石，长发乌亮如黑缎，眼中流出来的泪水会变成晶莹璀璨的珍珠。她们能像陆上生活的少女一样纺纱织布。相传有一天，一个鲛人从水中出来，隐去鱼尾，寄住在陆上的一户人家中，天天以卖纱为生。在将要离开的时候，她向主人索要了一个容器，对着它哭泣，转眼就成了满盘珍珠，以此来答谢主人。

陵魚

陵魚人面手足魚身在海中

· 原文

有鱼偏枯
名曰鱼妇
颛顼死即复苏
风道北来
天乃大水泉
蛇乃化为鱼
是谓鱼妇
颛顼死即复苏

鱼妇 [yú fù]

颛顼死后变幻而来

　　有一种鱼，身子半边干枯，名叫鱼妇，是颛顼死后复活变化而成的。风从北方吹来，天上涌出大量泉水，蛇于是变化成为鱼，这便是所谓的鱼妇。而死去的颛顼就是趁蛇鱼变化之际附身在鱼妇身上复活的。

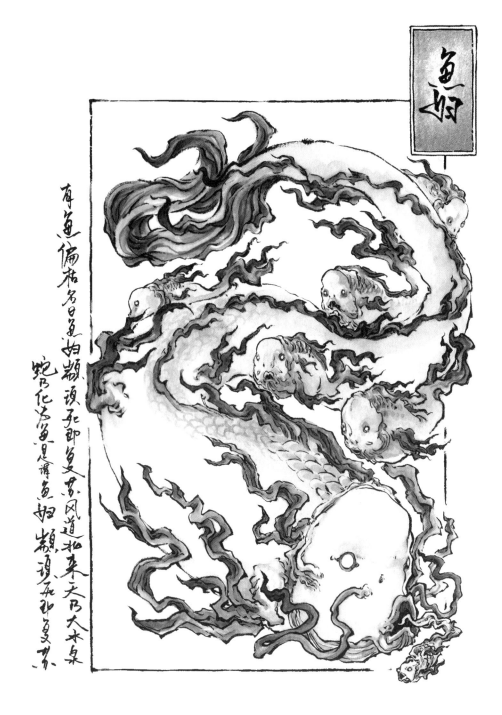

有鱼偏枯名曰鱼妇、颛顼死即复苏。风道北来天乃大水泉、蛇乃化为鱼是谓鱼妇。颛顼死即复苏。

大蟹 [dà xiè]

小岛般大小的螃蟹

　　大蟹生活在海里，据古人说是一种方圆千里大小的蟹。《玄中记》记载："天下之大物，北海之蟹，举一螯能加于山，身故在水中。"传说有人曾经在海里航行，看到一个小岛，岛上树木茂盛，于是便下船上岸，在水边生火做饭。饭才做了一半，就看见岛上森林已经淹没在水中了，于是急忙砍断缆绳上船，划到远处才看清，原来刚才的岛是一个巨大的螃蟹，森林就长在它的背上。可能是生火的时候误将它灼伤，才迫使它现身。

　　（图片见拉页）。

大鳊 [dà biān]

海中美味

　　大鳊鱼生活在海里。据说大鳊即鲂鱼，体型侧扁，背部特别隆起，略呈菱形，像现在所说的武昌鱼，肉味鲜美。

　　（图片见拉页）。

图书在版编目（CIP）数据

山海经：绝美水墨画卷. 2 / 沈鑫著绘. -- 北京：
北京联合出版公司, 2021.11

ISBN 978-7-5596-5574-5

Ⅰ.①山... Ⅱ.①沈... Ⅲ.①历史地理—中国—古代
②《山海经》—通俗读物 Ⅳ.①K928.626-49

中国版本图书馆CIP数据核字(2021)第191495号

山海经：绝美水墨画卷 2

著　　绘　沈　鑫
出 品 人　赵红仕
责任编辑　肖　桓
项目策划　紫图图书ZITO®　　乐艺
监　　制　黄　利　万　夏
特约编辑　路思维　杨　森
营销支持　曹莉丽
装帧设计　紫图装帧

北京联合出版公司出版
（北京市西城区德外大街 83 号楼 9 层　100088）
天津联城印刷有限公司印刷　新华书店经销
字数77千字　710毫米×1000毫米　1/16　16印张
2021年11月第1版　2021年11月第1次印刷
ISBN 978-7-5596-5574-5
定价: 129.00元

乐享艺趣 打造流行文化精品

乐艺 ArtPage 是一家面向全球的数字图形（CG）艺术平台和内容孵化机构。从 2006 年开始创立中国 CG 精英艺术家社区 leewiART，并成功举办了来自全球 300 多位艺术家共同参与的"天下共生"CG 艺术精英邀请赛等多个国际艺术项目。

乐艺 ArtPage 经过长达十余年与全球 CG 艺术家的紧密合作，具备了敏锐的艺术发掘视角与独特的孵化运营体系，持续整合全球出版、艺术、展览、潮玩、影视、游戏等商业资源，并建立多种合作模式，成功孵化了《返童》《千里幽歌》《星渊彼岸》《谷蘑》等多部优秀作品。

官方主页：www.artp.cc
官方论坛：www.leewiart.com